Documents manquants (pages, cahiers...)

NF Z 43-120-13

ASSOCIATION NATIONALE FRANÇAISE
POUR LA
PROTECTION LÉGALE DES TRAVAILLEURS

SIXIÈME SÉRIE N° 6

LES DEMANDES RECONVENTIONNELLES

DEVANT

le Conseil des Prud'hommes

RAPPORT DE M. E. BRIAT

Membre du Conseil supérieur du Travail

Compte rendu des Discussions. — Vœu adopté.

PRIX : 1 fr.

PARIS

FÉLIX ALCAN, ÉDITEUR
LIBRAIRIES FÉLIX ALCAN & GUILLAUMIN réunies
BOULEVARD SAINT-GERMAIN, 108

Librairie de la Société du Recueil J.-B. SIREY
et du Journal du Palais
Ancne Mon L. Larose et Forcel
22, RUE SOUFFLOT, PARIS, Ve
L. LAROSE & L. TENIN, Directrs

1911

LES

DEMANDES RECONVENTIONNELLES

devant le Conseil des Prud'hommes

Assemblée générale du 31 janvier 1911

PRÉSIDENCE DE M. MILLERAND.

M. LE PRÉSIDENT. — Je donne la parole au rapporteur, M. Briat, membre du Conseil supérieur du Travail.

M. BRIAT. — Messieurs, notre Comité directeur a bien voulu me charger de soulever la question de la demande reconventionnelle devant les conseils de prud'hommes.

Depuis quelque temps, les protestations de la classe ouvrière surgissent de toutes parts. Les travailleurs, bien souvent, n'ont pas trouvé d'industriels répondant à leur appel, lorsqu'ils réclamaient et ils se sont vus obligés d'attendre trois ou quatre mois une solution qui n'est pas donnée par le conseil des prud'hommes, mais par les tribunaux d'appel, en l'espèce le tribunal civil.

De même que les ouvriers, les conseillers patrons et les conseillers ouvriers sont à peu près unanimes pour demander que cette situation cesse ; elle a eu peut-être, il y a quelque temps, une raison d'être. Avant la loi de 1907, le conseil des prud'hommes était composé d'un nombre impair de conseillers et l'on pouvait dire que les ouvriers attendaient, pour se présenter, la présidence du camarade ouvrier, c'est-à-dire la majorité des ouvriers, et qu'il n'y avait pas une justice réelle au conseil des prud'hommes.

Actuellement, les conseils de prud'hommes sont composés par nombre pair de trois ou deux conseillers patrons et de trois ou deux conseillers ouvriers.

Devant cette situation, on pouvait croire que l'abus des demandes reconventionnelles allait cesser et que les commerçants et les industriels auraient confiance dans la justice de leurs pairs. Malheureusement, la situation reste la même qu'en 1907 et les abus ont continué, pratiqués par les patrons renseignés par les clercs d'huissier.

Vous savez que la première convocation est une simple lettre portée à la main ou envoyée par la poste ; la seconde assignation est transmise par ministère d'huissier et un clerc d'huissier va la porter à l'industriel pour comparaître devant le conseil de prud'hommes.

Or, certains clercs d'huissier disaient aux patrons qu'au lieu de perdre du temps, il était préférable de ne pas se présenter devant les prud'hommes et, pour avoir gain de cause, de faire une demande reconventionnelle devant le tribunal d'appel, qui, avant 1907, était le tribunal de commerce, composé exclusivement de commerçants et d'industriels.

Quelques industriels, quelques patrons acceptaient cette proposition et le confrère de l'huissier qui avait porté l'assignation faisait lui-même la demande reconventionnelle ; mais, bien souvent, cette demande était basée sur la demande principale et alors le conseil des prud'hommes était en droit de ne pas l'accepter et jugeait en dernier ressort.

Depuis l'application de la loi de 1907 au conseil de prud'hommes, ce ne sont plus des clercs d'huissier, ce sont des hommes d'affaires parfaitement bien organisés qui donnent aux industriels le conseil de ne pas se présenter au conseil des prud'hommes. Ils leur disent :

« Quand vous recevrez votre citation pour le bureau général, vous n'avez qu'à me l'envoyer et je ferai le nécessaire. »

En effet, le commerçant ou l'industriel ne se présente pas devant le conseil des prud'hommes, ni au bureau des jugements et quand l'ouvrier, l'employé persévère dans sa demande et dépose chez l'huissier la somme nécessaire pour qu'on fasse l'assignation du jugement rendu par défaut, on introduit dans l'opposition du jugement par défaut une demande reconventionnelle supérieure à la compétence des prud'hommes, qui est actuellement de 300 francs.

L'industriel devrait revenir devant le conseil des prud'hommes pour être jugé à ce moment-là, mais après un laps de temps de deux mois, deux mois et demi, il fait encore défaut et l'on confirme purement et simplement le jugement qui a été rendu la première fois par le bureau général. Comme la loi permet la demande reconventionnelle et qu'un homme d'affaires n'a pas commis l'erreur du clerc d'huissier, la demande reconventionnelle n'est plus basée sur la demande principale, mais bien sur un fait antérieur à la demande principale, et toutes les demandes reconventionnelles sont ainsi généralement conçues :

« Je demande M. X..., reconventionnellement, la somme de 350 francs pour malfaçon », et cela sans explication. Avec ce simple motif, on ne va pas devant le bureau du conseil des prud'hommes et, un mois plus tard, l'affaire est jugée par le tribunal civil, qui est composé de juges n'ayant aucune capacité industrielle, ni commerciale, ni technique pour apprécier des conflits du travail.

Devant cette situation, les conseillers patrons et ouvriers demandent aux législateurs d'intervenir et, comme les conseils de prud'hommes sont des tribunaux d'exception, d'introduire dans la loi de 1907 une clause qui empêcherait ces abus et qui permettrait aux conseils des prud'hommes de fonctionner, sans donner à la classe ouvrière des raisons plausibles de se révolter contre cette loi. Les deux parties, patrons et ouvriers, doivent pouvoir user de la loi en toute équite et en toute justice.

Quelles sont, Messieurs, les solutions que l'on peut introduire dans la loi de 1907 ? M. Paul Strauss, sénateur de la Seine, qui, depuis longtemps, s'occupe de cette question, a déposé tout dernièrement, le 7 juillet 1910, un projet de loi. M. Paul Strauss demande qu'en cas de défaut devant le bureau général, la demande reconventionnelle formée dans l'opposition n'ait aucune influence sur le taux du ressort de la demande principale et que le tribunal du conseil des prud'hommes puisse juger en dernier ressort sans s'inquiéter de la demande reconventionnelle. Exemple :

Un industriel, cité devant le bureau de conciliation, n'a pas comparu, il est recité par huissier devant le bureau général, il ne comparaît pas encore et fait opposition de ce jugement qui revient devant le conseil des prud'hommes. M. Paul Strauss dit que, du moment où l'industriel n'a pas comparu devant le bureau général des jugements pour soutenir son opposition, le conseil des prud'hommes doit juger en dernier ressort sans s'inquiéter de la demande reconventionnelle.

C'est un système qui m'apparaissait fort pratique. Vous aurez, Messieurs, à le discuter et à voir ce qu'il peut donner. Mais, pour ma part, j'avais pensé à un autre projet. Je considère qu'on ne peut pas empêcher un justiciable d'introduire une demande reconventionnelle. Il peut se produire des abus de citations, il faut permettre à l'industriel, qui se trouve dans ce cas, de se défendre, de pouvoir reconventionnellement demander réparation des préjudices pour abus de citation. Je donnerais donc la possibilité de la demande reconventionnelle, mais à la condition qu'elle soit déposée devant le bureau particulier. Un employé cite son employeur devant le conseil des prud'hommes pour une réclamation qui est injustifiée; l'employeur devra faire sa demande reconventionnelle devant le bureau particulier. S'il ne le fait pas, elle n'est plus admise.

Par ce système, j'empêche l'intervention des hommes d'affaires ; car les hommes d'affaires n'ont connaissance des poursuites d'employés et ouvriers contre les industriels, qu'au moment où l'huissier entre dans la filière, c'est-à-dire après qu'il y a eu défaut au bureau de conciliations ou lorsqu'il y a eu une non-conciliation. A ce moment, on donne à l'ouvrier ou à l'employé un permis de citer qu'il porte chez l'huissier qui a les renseignements nécessaires et dont les clercs peuvent user, ou les hommes d'affaires intervenir.

Si vous dites que la demande reconventionnelle doit être faite au bureau particulier, il sera impossible aux hommes d'affaires comme aux clercs d'huissiers de donner des renseignements à son sujet.

Ces demandes reconventionnelles sont d'un effet déplorable, vis-à-vis des travailleurs. Au moment de la discussion devant le Sénat de la loi de 1907, M. le commissaire du Gouvernement a cité un exemple :

« En 1906, il y a eu 703 demandes reconventionnelles qui ont été formées devant le conseil des prud'hommes. Sur ces 703 demandes, trois seulement ont été reconnues valables, toutes les autres n'étaient nullement fondées. »

Malheureusement, au tribunal civil, on ne s'occupe pas si la demande reconventionnelle est fondée, on l'accepte et on apprécie le fonds. On juge en dernier ressort.

Je vous demande, Messieurs, d'examiner s'il ne serait pas utile de donner une satisfaction aux travailleurs, d'une part, et aux conseillers prud'hommes, patrons et ouvriers, d'autre part. Je suis persuadé que, si les industriels connaissaient l'esprit d'équité et de justice qui règne aussi bien du côté des patrons que du côté des ouvriers, ils se présenteraient aux conseils des prud'hommes.

Le but de tous les conseillers prud'hommes est d'arriver le plus souvent possible à la conciliation et le plus grand plaisir, pour eux, est de voir les deux parties conciliées. Je crois donc que nous devons rechercher la solution de cette question et voir si une des deux manières que je viens de vous indiquer, ou si un autre système ne pourrait pas nous donner satisfaction. M. Petit me parlait tout à l'heure d'appliquer aux conseils des prud'hommes, le système des juges de paix. Pour ma part, je ne serais pas opposé à ce système. M. Petit voudra bien nous expliquer son projet.

En tous cas, quel que soit le système, il faut faire quelque chose, il faut que les abus cessent et il est utile que le Parlement s'occupe de la question.

Du reste, hier, à la tribune de la Chambre, on a soulevé la question du jugement des prud'hommes. Il est utile qu'on nous donne une solution, et il est du rôle de l'Association pour la protection légale des travailleurs de l'étudier et d'essayer de donner quelques indications aux législateurs, afin que très prochainement le monde du travail ait satisfaction. (*Applaudissements*).

M. Millerand, *président*. — M. Briat vient de nous

exposer l'état de la question, sans d'ailleurs faire une proposition ferme. Je vais ouvrir la discussion. Je demande à ceux des membres de la réunion qni auraient une proposition ferme à formuler de bien vouloir la rédiger par écrit et nous la faire parvenir.

M. Olivier. — Je voudrais demander au rapporteur ce qui se passera lorsque la demande reconventionnelle sera formulée à la barre ; on a parlé de la demande reconventionnelle formulée devant le bureau général, mais parfois on la formule à la barre dans des conclusions. Qu'est-ce que vous ferez dans ce cas ? que proposez-vous pour éviter cet abus qui est tout à fait distinct du cas dont vous venez de nous parler ?

M. Briat. — Avec mon système on est obligé de faire la demande reconventionnelle au bureau des conciliations et je ne vois aucun inconvénient à ce qu'on la fasse verbalement ou par écrit. Dans le système de M. Paul Strauss, si la demande reconventionnelle, introduite dans l'opposition au jugement par défaut, n'est pas soutenue devant le bureau général, le conseil passe outre et rend un jugement en dernier ressort.

Mais M. Paul Strauss n'empêche pas que l'on fasse la demande reconventionnelle verbalement, de même je n'empêcherai pas que l'on fasse cette demande au bureau particulier. Je demande à tous les membres de l'assemblée de chercher à arriver à une solution qui nous permette d'empêcher l'intervention soit des clercs d'huissiers ou des hommes d'affaires.

Si nous arrivons à ce résultat, je considère que nous aurons fait œuvre utile pour la prud'homie et que nous lui laisserons son autorité tout en donnant satisfaction aux travailleurs.

M. Petit. — Messieurs, pour préciser la discussion, je rappelle tout d'abord le texte actuellement en vigueur de la loi du 27 mars 1907. Voici le paragraphe 3 de l'article 33 de cette loi, le seul qui nous intéresse aujourd'hui :

« Si l'une de ces demandes n'est susceptible d'être jugée qu'à charge d'appel, le conseil ne se prononcera qu'en premier ressort. Néanmoins, il statuera en dernier ressort si, seule, la demande reconventionnelle en dommages et intérêts, fondée exclusivement sur la demande principale, dépasse sa compétence en premier ressort. »

Il résulte de la pratique des conseils de prud'hommes que les personnes intéressées, les patrons en particulier, tirant habilement parti de l'expression « fondée *exclusivement* sur la demande principale », se sont arrangées de manière à formuler toujours leur demande reconventionnelle de telle manière que ce texte soit tourné complètement et qu'il demeure inefficace.

Or, il existe, si je ne me trompe, dans la loi sur les justices de paix, autrefois loi de 1838, aujourd'hui loi de 1905, qui ne l'a pas modifiée sur ce point, une disposition très simple qui pourrait être, sinon dans son texte, du moins dans son esprit, transportée dans le domaine de la juridiction prud'hommale ; cette disposition, qui vise précisément le cas des demandes reconventionnelles soumises au juge de paix et qui excèdent sa compétence, l'autorise à disjoindre la demande reconventionnelle excédant sa compétence, à statuer en dernier ressort sur la demande principale, la demande reconventionnelle poursuivant ensuite son cours jusque devant la juridiction d'appel ; mais la demande principale n'en est pas moins jugée en dernier ressort par le juge de paix.

On pourrait étendre cette disposition, — dont je n'ai pas le texte sous les yeux, mais dont je me rappelle le sens, — à la juridiction prud'hommale, et décider que le sort de la demande principale et celui de la demande reconventionnelle seront indépendants, au point de vue de l'appel, si le conseil de prud'hommes juge équitable de les disjoindre. Certains justiciables ne pourraient plus, dans ces conditions, parvenir à supprimer de leur autorité privée, par un artifice de procédure, la compétence en dernier ressort de cette juridiction.

Pour bien vous montrer que cette disposition vise exactement la difficulté qui nous préoccupe, je ne puis mieux faire que de rappeler les motifs, que l'on en donnait dès 1838, lorsqu'on discutait la loi qui est devenue la loi du 25 mai 1838 sur les justices de paix. Voici, en effet, ce qu'on disait :

« Le juge de paix, saisi complètement de l'action principale, appréciera les motifs de la demande reconventionnelle formée par le défendeur. Si cette seconde demande ne lui paraît ni sérieuse ni sincère ; s'il croit que, fondée ou non, elle a pour but de gagner du temps ; s'il soupçonne un défendeur riche de chercher à fatiguer par des frais un demandeur pauvre, alors il opérera la disjonction des causes. Il laissera suivre son cours à la demande reconventionnelle qu'il lui est impossible de juger, puisqu'elle n'est pas de sa juridiction, mais il retiendra le jugement de l'action principale ; si, au contraire, il croit préférable de ne pas séparer les causes, il renverra les parties à se pourvoir sur le tout devant le tribunal de première instance. »

Le résultat, qui me paraît intéressant si on applique ce texte à la juridiction prud'hommale, c'est qu'on pourra déjouer la tactique de défendeurs qui, en greffant sur la demande principale une demande reconventionnelle « qui n'est ni sérieuse ni sincère », parviennent aujourd'hui à entraîner le litige tout entier devant la juridiction d'appel, alors que la demande principale est, par son chiffre, de la compétence en dernier ressort du conseil des prud'hommes.

Je propose donc un amendement ainsi conçu :

« L'Association pour la protection légale des travailleurs émet le vœu qu'à l'exemple de ce qu'il a fait pour les juges de paix, le législateur autorise les conseils de prud'hommes à disjoindre la demande reconventionnelle, s'ils ne l'estiment ni sérieuse ni sincère, et à ne statuer sur elle qu'en premier ressort, tout en jugeant en dernier ressort la demande principale. »

M. Legouez. — La question qui vous préoccupe a été examinée tout récemment au septième Congrès des chambres syndicales commerciales et industrielles de France et des chambres de commerce à l'étranger. Ce Congrès, et en particulier dans la quatrième section où se trouvaient les conseillers prud'hommes patronaux, s'est préoccupé, comme vous, de la solution qui avait été trouvée par un certain nombre d'hommes d'affaires et de patrons pour faire venir les affaires devant les chambres civiles. Voici le vœu qui a été émis, qui est, en somme, analogue au projet de M. Paul Strauss, dont vous entretenait le rapporteur :

« Que le jugement de conseil de prud'hommes, lorsque l'appel n'est recevable que du chef de la demande reconventionnelle, ne puisse être porté en appel si le demandeur sur opposition n'a pas comparu devant le bureau général, soit en personne, soit par un mandataire régulier. »

Je crois de mon devoir de déposer cette solution sur le bureau de la séance.

J'ai écouté avec un très grand intérêt, tout à l'heure, la proposition de M. Petit, que je ne connaissais pas.

Evidemment, elle soulève quelques difficultés et la première qui se présente à mon esprit, c'est celle-ci, c'est qu'en somme, si les prud'hommes déclarent que la demande reconventionnelle n'est pas suffisamment sérieuse, n'est-ce pas préjuger un peu du fonds de la question, n'est-ce pas faire statuer par avance, faire donner une opinion par le juge de prud'hommes sur cette demande reconventionnelle? Il y a là un danger; évidemment, je suis pris un peu de court parce que je ne m'attendais pas à cette proposition, mais je crois devoir signaler cette objection. En tous cas, la demande qui a été présentée par cette réunion très importante des chambres syndicales, qui avait un grand nombre d'adhérents, mérite d'être prise en considération, parce que vous serez certains qu'elle recevra un accueil favorable dans le monde patronal, tout au moins dans une grande partie du monde patronal.

M. Quillent. — Comme conseiller prud'homme, je m'occupe de cette question de la demande reconventionnelle d'une façon toute particulière; depuis près d'une dizaine d'années, j'ai suivi autant que j'ai pu son action et, déjà, à la conférence des conseillers prud'hommes patrons et ouvriers, qui a eu lieu à Bourges en 1903, j'ai eu l'honneur de présenter cette question et j'ai eu le plaisir de la voir, par acclamation, accueillie par les patrons autant que par les ouvriers.

Nous devons dire que si au conseil des prud'hommes, il y a quelques exceptions, d'un côté comme de l'autre, et que si l'on peut rencontrer des patrons comme des ouvriers qui voient un peu trop selon l'esprit de classe pour appliquer la justice, la majorité des patrons et des ouvriers désire que la juridiction prud'hommale porte ses fruits et les patrons sont certainement beaucoup plus froissés que nous de la suspicion qui est portée contre les conseils de prud'hommes.

Si les patrons justiciables peuvent, avec quelque semblant de raison, et même avec raison, craindre notre esprit à nous ouvriers, il est extraordinaire qu'ils doutent de l'esprit de justice et de l'esprit de classe de ceux qu'ils ont délégué au sein des conseils de prud'hommes.

Il fut un temps, avant la loi de 1905, où l'on disait que, le bureau étant parfois en majorité composé d'ouvriers et parfois en majorité composé de patrons, les justiciables ouvriers qui sont en majorité les demandeurs pouvaient profiter de se rendre aux audiences où il y avait une majorité ouvrière et que là il pouvait y avoir surprise.

Depuis la loi de 1905, ceci n'est plus à craindre ; il y a toujours égalité de patrons et d'ouvriers. Alors pourquoi continuent-ils à suspecter les membres patrons et les membres ouvriers ?

Cette action continuelle de la demande reconventionnelle ne provient pas spécialement du monde patronal. Il y a, en particulier, deux agences d'affaires ; ces deux agences se sont fait une spécialité de la demande reconventionnelle : elles avisent tous les industriels qui veulent les écouter, qui veulent répondre à leurs avances, qu'ils n'ont pas besoin de se déranger au conseil de prud'hommes ; que c'est perdre leur temps ; que c'est diminuer leur autorité ; que c'est donner une certaine satisfaction aux ouvriers et par conséquent, diminuer leur pouvoir de patrons et qu'il convient bien mieux de ne pas se présenter ; que, moyennant une somme versée, on se chargera de l'affaire. Voilà pourquoi il y a tant et tant de demandes reconventionnelles ; la plupart des patrons ignorent qu'il y a une demande reconventionnelle ; ils ont donné l'affaire à l'une de ces agences et ils ne s'occupent pas de la demande, ils ne savent pas si on a demandé 300 francs ou 500 francs de dommages et intérêts à leurs ouvriers pour des malfaçons et, si on leur disait qu'une demande reconventionnelle a été faite en leur nom, ils en seraient les premiers surpris et les premiers à en rire.

Tout le mal vient de l'abus de ces officines. Nous les avons signalées chaque fois que nous avons pu ; il y a même eu des plaintes portées contre certains individus, mais elles n'ont pas eu de suite ; on ne sait pas qui les protège ; des patrons ont été volés en même temps que des ouvriers ; on s'est plaint, et toujours l'affaire est restée en route. Il faut donc déjouer les projets de ces agences, et je m'associe de tout cœur à l'idée que contient la proposition de M. Petit, qui est, j'estime, la seule qui puisse donner des résultats.

Quand on vient nous dire : « Il faut obliger les patrons à faire leur demande au bureau des conciliations », mais qu'est-ce que cela changera, ils enverront ce jour-là un de leurs employés, leur contremaître ou leur concierge qui viendra dire : « Monsieur le Conseiller, nous faisons une demande reconventionnelle de 350 francs, parce que l'ouvrier a fait telle chose », et la farce sera jouée.

Cela n'est pas exagéré. On a accusé deux ouvriers qui n'avaient pas mis les pieds dans un atelier, qui demandaient une indemnité, parce qu'après les avoir engagés, on n'avait pas donné suite à l'engagement, on les a accusés d'avoir commis des malfaçons dans cet atelier où ils n'avaient jamais pénétré ; bien des fois, des ouvriers ont été accusés de malfaçons alors même que c'était impossible.

Des patrons ont soulevé la question d'incompétence au conseil en disant que le demandeur n'était pas un ouvrier, mais un simple employé, et on l'accusait de malfaçon dans un travail auquel on déclarait qu'il n'avait pas pris part. Les agents d'affaires ont tellement l'habitude des : « Attendu que, par ces nombreuses malfaçons, il a commis un préjudice qui ne saurait être inférieur à 350 francs », que cela devient un cliché que le clerc d'huissier sait qu'il doit mettre sur toutes les demandes en opposition.

J'estime que la disjonction seule peut permettre d'apporter une modification à cet état de choses. Tout à l'heure, un orateur craignait qu'il y eût des abus. Avons-nous cela à craindre? Il y a, au bureau général, autant de patrons que d'ouvriers et on ne prétendra pas que nous avons pu acheter les patrons. S'il y avait des gens qui soient achetables, ce ne pourrait être que des ouvriers; je ne crois pas, d'autre part, que les patrons nous soient inférieurs au point de vue intellectuel, jusqu'au point de se laisser dominer par les ouvriers. Lorsque les patrons se mettent avec nous, c'est parce que nous les avons convaincus, c'est parce qu'ils devaient être convaincus, c'est parce que nous avons pu faire ressortir que le justiciable avait eu raison, mais jamais nous n'avons rencontré de patrons qui se soient mis avec nous de parti pris.

J'estime que, lorsqu'un monsieur viendra demander 350 francs pour des malfaçons qui n'ont pas été commises, qu'il ne fournira aucune explication pour justifier sa demande, les patrons et les ouvriers se mettront tous d'accord pour dire : « c'est un farceur ».

La demande reconventionnelle n'est qu'une mesure dilatoire, et dès maintenant nous ne retirons pas à ce monsieur le droit de demander 4 ou 500 francs, mais nous lui disons qu'il n'aura pas le droit devant nous de venir interrompre la marche de l'affaire, et nous lui dirons : « Si votre ouvrier vous a causé des dommages quelconques, vous ferez une action principale comme lui. »

Voici ce que nous demandons : Les conseillers patrons

et ouvriers composant le bureau général sont-ils divisés? le juge de paix interviendra et il dira si on doit disjoindre ou non. Il fera la majorité. J'estime donc, Messieurs, que ceux qui sont partisans de l'ordre, que ceux qui redoutent la révolte du monde ouvrier, ceux-là doivent nous appuyer.

Comme je l'ai dit à M. le ministre Viviani, étant en délégation avec mes collègues, et il a absolument approuvé ma façon de voir, je lui ai dit que, selon nous, ce qui créait la révolte des hommes qui ne croient plus en la justice et qui veulent se la faire eux-mêmes, ce sont ceux qui se jouent d'eux, qui leur disent toujours : « Vous pouvez faire ce que vous voudrez, je vous mènerai jusqu'en appel, si je n'ai pas raison ; je vous aurai fait perdre tant de temps, je vous aurai créé tant de désagréments et de désagréments, que vous ne me rappellerez plus une autre fois devant le conseil des prud'hommes. »

On ne se gène même pas de dire que l'on se moque du conseil des prud'hommes ; il y a donc lieu de demander la disjonction ; c'est le seul moyen d'arriver à un résultat. (*Applaudissements*).

M. Tissier. — Messieurs, le mal que l'on signale en ce moment n'est pas particulier au tribunal de prud'hommes ; dans tous les tribunaux, la situation est exactement la même : un défendeur peut, à l'aide d'une demande reconventionnelle, soit devant le tribunal civil, soit devant le tribunal de commerce, soit encore devant le juge de paix ou le tribunal des prud'hommes, empêcher que le juge établi par la loi pour juger en dernier ressort le fasse.

Il y a sur ce point un mal qui est très général et très ancien, qui n'est pas spécial d'ailleurs à la France. Il a existé, il a été dénoncé ailleurs et il a reçu des remèdes dans d'autres pays.

Le mal étant général, il est certain que le remède ne pourrait pas être trouvé dans la loi sur les justices de paix. Il ne suffirait pas d'étendre la loi des justices de paix aux conseils des prud'hommes, car la loi sur les juges de paix est semblable à celle des prud'hommes. La règle que vient d'indiquer M. Petit est relative, non pas à la question du ressort, mais à la question de compétence, ce qui n'est pas tout à fait la même chose.

La loi de 1905 dit que le juge de paix peut disjoindre lorsqu'une demande reconventionnelle n'est pas de sa compétence, qu'il ne peut pas la juger, même en premier ressort. Mais, lorsqu'on lui soumet une demande de sa compétence, il ne peut pas disjoindre ; il faut qu'il juge et la règle est exactement la même que devant le conseil de prud'hommes.

L'article 11, alinéa 2, de la loi du 12 juillet 1905 est en effet ainsi conçu : « Si une de ces demandes (principale ou reconventionnelle) n'est susceptible d'être jugée qu'à charge d'appel, le juge de paix ne prononcera sur toutes qu'en premier ressort. » C'est bien la même règle qu'au conseil de prud'hommes.

Le remède ne peut donc pas être trouvé dans une extension pure et simple de la loi de 1905, puisque cette loi donne la même solution pour le point qui nous occupe : une demande reconventionnelle y peut, comme au conseil de prud'hommes servir de moyen au défendeur pour déjouer les règles établies par la loi. Il y a là un mal général qui appellerait un remède général ; ce remède a été indiqué dans la réforme partielle du Code de procédure belge, promulguée en 1876.

L'article 37 du nouveau Code de procédure belge s'exprime ainsi :

« Les demandes reconventionnelles n'exerceront, en ce qui touche la compétence et le ressort, aucune influence sur le jugement de la demande principale. Elles seront elles-mêmes, à cet égard, considérées comme demandes principales. »

Telle est la règle en vigueur en Belgique. Ce système ne va pas sans quelques inconvénients ; il y a bien des objections qui ont été faites, il y a bien des imperfections qui ont été signalées. En effet, souvent, la demande reconventionnelle est si intimement liée à la demande principale que la disjonction entraîne des résultats fâcheux, elle peut entraîner des contrariétés de jugement ; mais les Belges ont considéré que l'abus des demandes reconventionnelles était si grand qu'il valait encore mieux établir la disjonction complète, au point de vue du dernier ressort, des demandes principales et reconventionnelles que de subir les inconvénients dont nous nous plaignons.

Je crois qu'ils ont eu raison et ce que je demanderais, c'est que d'une façon générale, pour tous les tribunaux, la règle belge fût admise. En attendant, puisqu'il ne s'agit ici que des prud'hommes, je crois que le mieux serait d'insérer dans la loi sur les conseils de prud'hommes un texte précis, énergique et impératif comme celui de la loi belge : ne pas donner au juge un pouvoir de disjonction, ne pas créer de difficultés sur la disjonction, mais dire nettement que la demande principale et la demande reconventionnelle n'auront jamais aucune influence l'une sur l'autre et qu'elles seront examinées séparément.

M. Borderel. — Je serai peut-être un peu plus terre à terre que Monsieur, et je serai d'accord avec le conseiller prud'homme qui a pris la parole tout à l'heure pour regretter les faits et gestes de certaines agences. Nous sommes, nous patrons, les premiers à regretter les abus qui sont commis.

Mais d'où viennent ces abus, puisqu'on a parlé d'abus de demandes reconventionnelles? Elles viennent surtout de l'abus du permis de citer; personne n'ignore que le permis de citer est accordé avec une facilité extraordinaire, puisque l'on peut demander un permis de citer même pour rien, même pour une dette qui n'est justifiée en aucune façon.

La demande reconventionnelle vient de là. Comment cela se passe-t-il? On demande un permis de citer; le demandeur l'a entre les mains et il peut s'en servir quand il lui plaît, il peut s'en servir dans huit jours, dans quinze jours, dans trois mois, il a jusqu'à six mois. Souvent il attend le résultat d'une demande analogue à la sienne; il agit ou n'agit pas à son gré. Lorsqu'il s'en sert, le permis de citer n'accorde qu'un délai d'une journée pour se présenter. Or, le défendeur peut être en voyage et le permis de citer, dans ce cas, ne peut pas l'atteindre; il est obligé de faire défaut malgré lui, malgré la volonté qu'il aurait eu de se présenter.

Si, comme le demandait M. le sénateur Paul Strauss, on jugeait en dernier ressort sur le défaut, il arriverait que des jugements absolument injustifiés seraient rendus parce que le défendeur n'aurait pas pu être touché et que son défaut ne lui était pas imputable.

Puisque vous demandez des réformes — et je crois qu'il y a lieu d'en demander et d'en faire, — demandons d'abord celles qui sont pratiques, celles qui permettront au défendeur de se défendre. On parle toujours des droits de la défense, mettons-les en pratique, faisons en sorte que, au conseil de prud'hommes, ces droits ne soient pas lettre morte dans certains cas. Pour ce faire, ne laissez pas un permis de citer entre les mains d'un ouvrier pendant six mois par exemple. D'autre part, établissez entre le permis de citer et la comparution devant le tribunal, un délai plus long qu'une journée.

Je m'en rapporte à vous, mais comment voulez-vous qu'un permis de citer puisse toucher un patron, un défendeur, dans le délai d'une journée même quand ils demeurent à Paris? S'il y a une erreur de la part de la poste, s'il y a une erreur d'adresse, ce permis de citer n'arrive pas à destination en temps voulu. Par conséquent, je demande, puisqu'on parle de modifications que celle-là soit une des premières appliquées. Si vous faites cela, vous n'aurez plus autant de défauts que vous en avez actuellement et, partant, autant de demandes reconventionnelles, parce que le défendeur pourra se défendre réellement alors qu'aujourd'hui cela lui est trop souvent impossible.

M. Motteau. — Messieurs, nous devons féliciter l'honorable M. Briat de rechercher s'il y a lieu de modifier la juridiction des prud'hommes en prenant pour base la justice d'équité et la réciprocité entre patrons et ouvriers. Nous allons examiner ce point.

Il est incontestable que le paiement des salaires de l'ouvrier exige, lorsqu'il y a une difficulté, une solution extrêmement prompte et rapide. Le salaire de l'ouvrier a, en effet, un caractère élémentaire que personne n'entend lui dénier; mais, sous prétexte que la contestation entre patrons et ouvriers porte uniquement sur le salaire, les conseils de prud'hommes rendront souvent des décisions qui condamnent le patron au paiement d'indemnités de brusque renvoi et d'indemnités de déplacement que les tribunaux supérieurs sont obligés de repousser comme illégales ou comme exagérées. Il suffit de prendre un tableau indiquant dans quelle proportion les appels de prud'hommes sont réformés pour se rendre compte de l'exactitude de cette assertion.

Lorsque le patron justifie que l'ouvrier s'est livré à des excès, à des déprédations, des bris du matériel, au sabotage de l'ouvrage, le patron voit sa demande reconventionnelle, à raison de ces faits, repoussée par le conseil des prud'hommes, alors qu'au contraire, elle est accueillie en appel.

Cette disposition de la loi du 27 mars 1907 serait encore aggravée, si la proposition de M. Strauss était acceptée. Par sa modification de l'article 33, il priverait le patron de son recours devant la juridiction supérieure, alors qu'à maintes reprises cette juridiction infirme la sentence des prud'hommes et donne raison au patron.

Nous admettons de supprimer la demande reconventionnelle, mais seulement lorsque le défendeur ne se présentera pas ni au premier jugement, ni en opposition de jugement, c'est-à-dire que le défendeur sera obligé toujours de se présenter devant le conseil de prud'hommes avant d'aller en appel.

C'est ce que demandent M. Paul Strauss et M. Briat. La loi sera sauvegardée de cette façon, nous sommes d'accord.

Je voudrais vous présenter une proposition ainsi conçue : « Si la cause a été jugée par défaut, la demande reconventionnelle, quel qu'en soit le montant, sera sans influence sur le taux du ressort lorsque la demande principale n'excède pas 300 francs et l'appel ne sera pas recevable ; néanmoins, le défendeur pourra mettre opposition du premier jugement par défaut et, à condition qu'il se présente devant le conseil de prud'hommes, la demande reconventionnelle et l'appel seront recevables. »

M. Briat. — Un seul mot pour répondre à M. Quillent : Je crois que ce que nous regrettons tous, c'est l'introduction de l'hommes d'affaires. A quel moment l'homme d'affaires entre-il en contact avec l'ouvrier ou l'industriel ? Au moment où est accordé le permis de citer ; tant que le permis de citer n'est pas donné, l'homme d'affaires ne paraît pas...

M. Quillent. — Pardon.

M. Briat. — Si je me trompe, je n'insiste pas.

Si la demande est abusive, l'industriel, à ce moment-là, peut introduire une demande reconventionnelle devant le bureau particulier ; mais, si l'homme d'affaires joue déjà entre la lettre et le bureau particulier, mon observation ne tient pas.

Quant à la proposition de M. Borderel, relative au délai du permis de citer, elle a un inconvénient. Nous voyons des ouvriers et particulièrement des ouvrières réclamer deux ou trois francs ; si nous allongeons encore le délai pour permettre aux industriels d'être prévenus à temps, nous mettons cet ouvrier ou cette ouvrière dans l'obligation de ne toucher son salaire que trois, quatre, cinq ou six jours plus tard. Même les réclamations des ouvrières sont si faibles que l'on n'use pas toujours du permis de citer et que, pour éviter les frais de 1 fr. 75, on donne une deuxième lettre de conciliation.

M. Borderel. — Ils ont bien six mois pour user de leur permis de citer.

M. Briat. — Ces six mois sont le délai de prescription ; cela n'est pas particulier aux prud'hommes et ne touche pas à la loi de 1907.

M. Legouez. — Je voudrais présenter une courte observation : Vous, Monsieur Motteau, vous donnez encore la possibilité de faire opposition, si l'industriel vient devant le conseil des prud'hommes soutenir son opposition ; M. Paul Strauss et M. Briat ont proposé un autre système ; mais je crois que, si la loi sur la justice de paix pouvait être étendue aux conseils de prud'hommes, ce serait encore la meilleure solution. Je crois que l'on est en train de consulter le texte ; M. le Président nous dira si elle peut s'appliquer en l'espèce.

M. MILLERAND. — Voici, Messieurs, quelle est exactement la situation.

On vous a fait connaître les abus certains de la demande reconventionnelle, et pour y remédier, vous êtes en présence de trois propositions principales. L'une, la première, c'est celle formulée par M. Paul Strauss dans sa proposition devant le Sénat, c'est celle dont nous a donné connaissance M. Legouëz et qui a été adoptée par le congrès des Chambres syndicales patronales, c'est celle, dans les grandes lignes, de M. Motteau ; toutes ces propositions reviennent à dire que, si la cause a été jugée par défaut, la demande reconventionnelle, quel qu'en soit le montant, sera sans influence sur le taux du ressort.

Je me permets de faire à cette première solution une critique qui a été déjà formulée par M. Quillent ; cette solution fait bien disparaître un des inconvénients de la pratique, mais elle ne les fait pas disparaître tous ; il s'en faut. Il est à craindre que, si l'on votait ce texte, la pratique actuelle, qui consiste d'abord à faire défaut, puis à formuler la demande reconventionnelle, ne se transforme pour s'adapter à la disposition nouvelle et qu'on ne formule tout de suite la demande reconventionnelle sans faire défaut.

Ainsi, sans doute, on aurait gagné un peu de temps, on aurait supprimé la première phase, l'opposition, mais on n'aurait pas fait disparaître l'abus; on l'aurait simplement diminué.

La seconde solution, c'est celle que nous a proposée M. Petit et qui consiste à adapter purement et simplement à la juridiction des prud'hommes une disposition empruntée à la juridiction des justices de paix ; le conseil des prud'hommes aurait le droit de disjoindre la demande reconventionnelle, je reprends le premier texte de M. Petit : « ...s'il ne l'estime ni sérieuse, ni sincère, et à ne statuer sur elle qu'en premier ressort, tout en jugeant en dernier ressort la demande principale. »

Cette solution a provoqué deux objections. La première, de l'honorable M. Legouez, c'est qu'on ne peut pas dire, ou, du moins, c'est qu'il serait dangereux de dire que le conseil de prud'hommes sera autorisé à disjoindre une demande reconventionnelle, s'il ne l'estime ni sérieuse, ni sincère, parce que, de la sorte, il préjugerait le jugement du fond en qualifiant, par avance, de non sérieuse ou de non sincère une demande qui sera ultérieurement portée devant le tribunal.

On pourrait, d'ailleurs, répondre à cette objection, en faisant purement et simplement disparaître ces mots qui ne sont pas essentiels, c'est ce que fait M. Petit dans une seconde proposition.

M. Tissier fait alors à cette proposition une critique plus profonde et qui, je crois, est tout à fait justifiée par le texte même de la loi de 1905, que je me suis fait fait remettre.

Voici, en effet, quel est le texte de la loi de 1905; c'est l'article 11 ; il y a deux paragraphes qui visent la demande reconventionnelle. Le troisième paragraphe de cet article est ainsi conçu : « Néanmoins, le juge de paix statuera en dernier ressort si, seule, la demande reconventionnelle en dommages-intérêts fondée exclusivement sur la demande principale, dépasse sa compétence en premier ressort. »

Mais cette disposition est celle-là même qui a été copiée par la loi de 1907 sur les prud'hommes; elle n'a rien empêché du tout, parce que, naturellement, au lieu de faire une demande reconventionnelle fondée sur la demande principale, on fait une demande reconventionnelle basée sur un fait quelconque, et l'on échappe ainsi à la disposition.

Il est une seconde disposition, le paragraphe 4 de l'article 11, à laquelle faisait allusion M. Petit :

« Si la demande reconventionnelle ou en compensation excède les limites de sa compétence, le juge de paix pourra, soit retenir le jugement de la demande principale, soit renvoyer sur le tout les parties à se pourvoir devant le tribunal de première instance, sans préliminaire de conciliation. »

Ce n'est pas tout à fait ce que croyait M. Petit, et cela justifie la remarque qu'a faite M. Tissier. C'est le droit pour le juge de paix, non pas de juger la demande principale, sans juger la demande reconventionnelle, mais soit de juger la demande principale, soit de ne rien juger du tout et de tout renvoyer devant le tribunal.

Or, il apparaît tout de suite que la seconde branche de cette disposition, loin d'abréger les délais et de remédier au mal auquel on veut porter remède, l'aggraverait, puisque le conseil des prud'hommes pourrait ainsi faire subir à la demande principale qui a motivé la demande reconventionnelle les retards d'une nouvelle juridiction, en refusant de statuer sur elle et en renvoyant le tout devant le tribunal.

M. Tissier a proposé une solution qu'il emprunte à la

loi de procédure belge qui fonctionne depuis 1876. D'une façon automatique ; elle disjoint la demande reconventionnelle et la demande principale, fait juger l'une et l'autre par le juge de première instance, mais renvoie la demande reconventionnelle devant le tribunal d'appel. C'est bien cela ?

Eh bien, Messieurs, je me demande si on ne pourrait pas aller un peu plus loin que le Code de procédure belge et s'il y aurait un inconvénient à donner au conseil des prud'hommes, composé, comme on l'a rappelé à plusieurs reprises, en partie égale de représentants des patrons et de représentants des ouvriers, le droit de retenir, s'il le juge convenable, la demande reconventionnelle. C'est une question un peu délicate ; je vous demande la permission de vous donner connaissance d'un texte que j'ai rédigé :

« Si la demande reconventionnelle excède les limites de sa compétence en dernier ressort — c'est le seul cas où la question se pose, — le conseil de prud'hommes pourra juger en dernier ressort la demande principale, tout en ne statuant sur la demande reconventionnelle qu'en premier ressort. »

En d'autres termes, je donne ainsi au conseil des prud'hommes le droit, s'il le juge bon, de renvoyer devant le tribunal d'appel les deux demandes, demande principale et demande reconventionnelle, ou, au contraire, de juger immédiatement en dernier ressort la demande principale, ne renvoyant devant le tribunal d'appel que la demande reconventionnelle qui excède les limites de sa compétence.

Il me semble donc que la question se pose, en dernière analyse, entre ces deux solutions : la solution belge que nous a exposée M. Tissier et celle que je viens d'avoir l'honneur de vous indiquer, ou bien l'obligation pour le juge de juger toujours tout de suite en dernier ressort la demande principale, en renvoyant la demande reconventionnelle seule devant les juges d'appel, ou la faculté donnée au conseil des prud'hommes soit de juger en dernier ressort la demande principale, soit de renvoyer le tout devant le tribunal d'appel.

M. MOTTEAU. — La solution proposée par M. le Président me paraît parfaite, c'est ce que nous demandons tous.

M. ARQUEMBOURG. — Je voudrais poser une question à M. le Rapporteur. Il nous a dit qu'il y avait eu à Paris, notamment, 703 demandes reconventionnelles et qu'il n'y avait que 3 demandes justifiées. Comment M. le Rapporteur interprète-t-il ce mot : « justifiées ». Est-ce l'appréciation de M. le Commissaire du Gouvernement sur les demandes reconventionnelles ou cela veut-il dire que, dans trois cas seulement, le tribunal d'appel a réformé la sentence des prud'hommes ?

M. BRIAT. — M. le Commissaire du Gouvernement ne donne pas de définition dans son rapport ; c'est une parole qu'il a prononcée à la tribune du Sénat. M. Quillent pourra peut-être compléter ce renseignement.

M. QUILLENT. — Sur les 703 demandes dont a parlé M. Lecharbonnier à la séance du Sénat, il a dit qu'il n'y en avait que trois qui avaient été accueillies, c'est-à-dire qu'il n'y en avait que trois qui avaient été retenues par le tribunal d'appel.

M. ARQUEMBOURG. — Il peut se faire qu'une demande en

elle-même soit considérée comme n'étant pas justifiée, mais que, par le moyen de cette demande, on ait permis au tribunal d'appel de recevoir la cause en son entier et de réformer. Ce qui est intéressant, c'est de savoir dans combien de cas le jugement des conseils de prud'hommes a été réformé par le tribunal d'appel.

Remarquez bien que si, sur 703 jugements des prud'hommes, il n'y en avait que trois réformés par le tribunal d'appel, cette proportion, si minime qu'elle soit, n'en serait pas moins à considérer, car, lorsqu'il s'agit de rendre la justice, tout intérêt même minime est respectable, et cela prouverait qu'au moins dans trois cas le tribunal des prud'hommes avait mal jugé.

Mais, en réalité, ce chiffre doit être de beaucoup augmenté, puisque, sans pouvoir nous préciser le nombre des cas de réforme, on nous dit que, dans bien des cas, la demande reconventionnelle — moyen, si vous le voulez, pour aller en appel — n'a pas été accueillie...

M. Jay. — Moyen frauduleux...

M. Arquembourg. — Non, du moment que le tribunal d'appel réforme un jugement, il ne faut pas dire qu'il a été saisi frauduleusement. On peut tout au plus dire qu'il a été saisi par un artifice de procédure ; c'est d'ailleurs le seul moyen de le saisir. Si donc la demande en elle-même n'a pas été accueillie, le tribunal d'appel n'en a pas moins jugé que la sentence était mal rendue. Ce qui serait intéressant de savoir, c'est donc dans combien de cas le tribunal d'appel a jugé devoir réformer le jugement du conseil des prud'hommes.

Pourquoi emploie-t-on ce moyen de la demande reconventionnelle ? On l'emploie, dites-vous, parce qu'il y a des officines qui vivent de ce système. C'est possible, mais il faut bien reconnaître aussi que les conseils de prud'hommes n'ont pas toujours donné un excellent exemple au point de vue de la justice.

M. BRIAT. — Céla arrive à tous les tribunaux...

M. ARQUEMBOURG..... Nous avons vu des conseillers nommés avec un mandat impératif. Or, la condition essentielle pour un juge, c'est d'être complètement indépendant, et je me demande quelle est son indépendance lorsqu'il a reçu un mandat impératif. Nous avons vu des conseils de prud'hommes juger d'une façon systématique contrairement à la jurisprudence de la Cour de cassation, la juridiction suprême devant laquelle tous les tribunaux s'inclinent...

M. JAY. — Non, non.

M. ARQUEMBOURG. — Quand la Cour de cassation a jugé une question au point de vue de l'interprétation de la loi, je ne crois pas qu'il y ait beaucoup d'exemples de tribunaux qui se soient insurgés...

M. JAY. — Ils en ont le droit.

M. ARQUEMBOURG. — Ils n'en usent pas. Lorsque la Cour de cassation a jugé et qu'un tribunal ne s'incline pas, la cause est de nouveau ramenée devant la Cour de cassation qui juge alors d'une façon absolument solennelle. Et si la jurisprudence d'une chambre de cassation n'est pas toujours adoptée par les tribunaux, je crois que la jurisprudence de la Cour suprême, c'est-à-dire de la Cour, toutes chambres réunies, est absolument respectée par tous les tribunaux. Cependant, nous avons des exemples de conseils de prud'hommes qui ne veulent pas s'incliner devant les décisions de la Cour de cassation.

S'il y a abus de demande reconventionnelle, il faut que

les conseils de prud'hommes en fassant un peu leur *mea culpa*. Ceci dit, il n'en est pas moins vrai que, si l'on peut supprimer la plupart des demandes reconventionnelles injustifiées, il y aura un progrès, et ce progrès me paraît suffisamment réalisable avec le texte qui nous est présenté par M. Paul Strauss et par M. Briat.

Notre président a fait une critique, mais je me permettrais de ne pas être absolument de son avis : je crois que le résultat obtenu serait plus considérable qu'il ne le pense.

On a objecté qu'en obligeant à formuler la demande reconventionnelle devant le bureau général, on n'obtiendrait que ce seul résultat, car le défendeur n'en porterait pas moins de suite la cause devant le tribunal d'appel, qu'il comparaîtrait pour formuler sa demande sans même se donner la peine de la défendre.

Je crois que, dans bien des cas, en forçant le défendeur à comparaître devant le bureau général, on arriverait à un tout autre résultat et que souvent on obtiendrait une solution devant ce bureau général.

Qu'arrive-t-il actuellement ? Le défendeur, ayant une idée préconçue, à tort si vous voulez, contre la juridiction des prud'hommes, fait une demande reconventionnelle parce qu'il n'a pas confiance dans la juridiction devant laquelle il doit comparaître. Il ne s'occupe plus de l'affaire, il met cela entre les mains d'une agence, d'un homme d'affaires, ou même il ne la met entre les mains de personne ; il laisse aller les choses jusqu'à ce que l'instance arrive devant le tribunal d'appel. Là seulement, il charge un avocat de le défendre. Comme la sentence est rendue par défaut, il est fort possible que si, au lieu d'avoir fait une demande pour se ménager la possibilité d'aller en appel, il avait comparu devant le conseil des prud'hommes.....

M. MILLERAND, *président*. — Il n'y est pas forcé.

M. ARQUEMBOURG. — ... S'il avait comparu devant le tribunal des prud'hommes, il aurait défendu sa cause, il aurait peut-être convaincu le tribunal de son bon droit et la solution aurait été tout autre que ce qu'elle a été. Au lieu d'un jugement rendu par défaut contre lui, il aurait eu un jugement qui lui aurait donné satisfaction et il ne serait pas allé plus loin.

La réforme de M. Briat me paraît apporter la solution à ce point de vue, puisque la demande reconventionnelle n'aura de valeur que si le défendeur comparaît devant le conseil de prud'hommes. Il pourra, devant le conseil de prud'hommes, se défendre et il obtiendra, puisque les conseils de prud'hommes jugent le plus souvent avec équité et avec compétence, et il obtiendra satisfaction.

Je sais bien qu'il ne sera pas forcé de comparaître, mais je suis certain qu'en fait, il y viendra...

M. LE PRÉSIDENT. — Pourquoi?

M. ARQUEMBOURG. — Parce que vous ne donnerez de valeur à sa demande reconventionnelle que s'il a comparu...

M. LE PRÉSIDENT. — ... Ou s'il s'est fait représenter. Il enverra un employé de son établissement et la formalité prévue sera remplie.

M. ARQUEMBOURG. — Actuellement, il ne se fait même pas représenter...

M. LE PRÉSIDENT. — Peu importe, ma critique subsiste toujours. Par le système que vous proposez, vous supprimez la première phase, vous atténuez un peu le mal, mais vous ne le supprimez pas. Le patron qui fait défaut aujourd'hui, demain ne fera plus défaut : il enverra un de ses employés présenter la demande reconventionnelle et ce sera exactement la même chose.

M. Arquembourg. — Pourquoi le défendeur n'y viendrait-il pas en personne?

M. le Président. — Il faut l'y obliger et, par suite, modifier la loi sur plusieurs points.

M. Arquembourg. — Si la loi est reconnue critiquable et qu'il y ait deux points de vue à envisager, je ne vois pas pourquoi on ne s'occuperait pas tout de suite de ces deux points de vue. Si on obligeait le défendeur à se présenter ou si on ne l'autorisait à se faire représenter que par un mandataire qui ait qualité pour le défendre et pouvoir de l'engager, vous verriez que les abus disparaîtraient. Il est évident que vous ne pouvez pas obliger le directeur d'une grande usine, d'un établissement important, à venir en personne devant le conseil des prud'hommes, mais il pourrait très bien se faire représenter par une personne de sa maison, par un contremaître qui a tout pouvoir, par exemple, pour faire les embauchages. Ce qu'il faut avant tout, c'est éliminer les hommes d'affaires; il ne faut pas qu'ils soient admis devant les conseils de prud'hommes.

Or, du moment que le représentant du patron a qualité pour discuter, pourquoi voudriez-vous qu'il ne discute pas?

Quant à supprimer complètement la faculté de faire porter une cause devant un tribunal d'appel, je crois que ce serait extrêmement grave et que ce serait exceptionnel. Cette faculté existe, en effet, dans toutes les juridictions...

M. le Président. — Personne ne propose de la supprimer.

M. Arquembourg. — M. Petit l'avait proposé...

M. le Président. — Pas du tout. M. Petit proposait — et c'est aussi ce qui résulte de la proposition Tissier — que le sort de la demande principale ne soit pas lié à celui de la demande reconventionnelle. La demande reconventionnelle sera toujours solutionnée ; mais ce que l'on veut, c'est éviter qu'elle ne serve, comme actuellement, de moyen pour soumettre l'affaire à une autre juridiction.

M. Arquembourg. — On vient de nous citer des chiffres ; on nous a dit que, sur 703 demandes reconventionnelles, 3 seulement avaient été jugées comme étant justifiées ; par conséquent, dans trois cas, on donnera satisfaction au demandeur, c'est-à-dire au défendeur. Mais, à côté de ces trois cas-là, la demande reconventionnelle a permis de réformer X jugements et je crois que ce chiffre indéterminé est beaucoup plus considérable que le chiffre précis de trois qu'on nous a donné.

M. Tissier. — M. le Président, il y a quelques instants, a présenté un texte en disant qu'il irait volontiers plus loin que la loi belge dont j'avais cité ici la disposition. Or, il me semble bien qu'il va moins loin et qu'il est beaucoup plus modéré que ne l'a été le législateur belge.

La loi belge dit que, toujours, sans que le juge ait aucune appréciation à émettre, la demande reconventionnelle sera appréciée isolément au point de vue de la compétence et du ressort. M. le Président propose, au contraire, de laisser au tribunal un pouvoir d'appréciation. Pourquoi ? Le système belge me paraît beaucoup plus simple et plus énergique. Le remède est plus profond, car, avec le système que propose M. le Président, il me semble que, si je me défie du conseil de prud'hommes, si je veux aller devant le tribunal civil, j'aurai l'espoir, en formant une demande reconventionnelle, de voir renvoyer le tout, y compris la demande reconventionnelle et la demande principale, devant le tribunal civil; tandis qu'avec le système en vigueur en Belgique je ne puis pas avoir cet espoir. Je sais que la demande principale sera toujours jugée par le tribunal devant lequel elle a été portée.

Je préfère le système belge, je le crois plus conforme au point de vue des principes ; je considère qu'un justiciable ne doit jamais pouvoir changer l'ordre des juridictions tel que la loi l'a établi. Il n'est pas admissible qu'un défendeur puisse rendre susceptible d'appel une cause qui ne l'est pas d'après la loi.

Ce principe étant rappelé, il me semble que la solution qui en résulte, c'est que, dans tous les cas, la demande reconventionnelle ne puisse exercer aucune influence sur la demande principale. Pour dissiper un malentendu qui me paraît subsister quant à la loi de 1905 sur les juges de paix, je rappelle que le texte de cette loi visant notre question est non pas le paragraphe 4, mais le paragraphe 2 de l'article 11, qui donne une solution identique à celle de la loi sur les conseils de prud'hommes.

M. Alfassa. — Après ce que vient de dire M. Tissier, je n'aurai que quelques observations extrêmement brèves à présenter.

Je dirai que, si M. Arquembourg veut rester dans la logique absolue de la thèse qu'il vient d'énoncer, il devrait proposer la suppression du jugement en dernier ressort du conseil de prud'hommes.

Il est venu nous dire : Sur 703 demandes reconventionnelles, il y en avait 3 de justifiées; mais il y en a un grand nombre qui ont pu être réformées et qui n'au-

raient pas pu l'être sans la demande reconventionnelle. Ce qu'il faut savoir, c'est si ces 700 affaires avaient le droit, d'après l'intention du législateur, d'être réformées. Si vous avez employé un moyen injustifié, un moyen condamnable pour faire reviser une décision qui ne devait pas l'être, vous avez faussé la portée de la juridiction du conseil des prud'hommes. Demandez-en la suppression, ou demandez une juridiction d'appel pour tous les cas portés devant les tribunaux des prud'hommes.

Je suis convaincu, Monsieur Arquembourg, que, si vous réfléchissez aux observations qui viennent d'être faites, vous reconnaîtrez que vous avez été emporté plus loin que vous vouliez aller. Nous ne sommes pas toujours d'accord, mais je vous avoue que, cette fois, je suis surpris de vous avoir entendu soutenir cette thèse.

M. Gavelle. — J'ai été longtemps conseiller prud'homme en province et je vous dirai que je n'ai jamais vu de demandes reconventionnelles pendant tout le temps que j'ai fait partie de ce tribunal de prud'hommes. Il y avait de grosses affaires, cependant, mais, seulement, il y régnait un esprit qui dominait tout le monde prud'hommal dans la circonscription et, peut-être une fois par an, seulement, le bureau général se réunissait et que toutes les affaires étaient solutionnées en conciliation.

Je vous dirai aussi que, depuis que je suis devenu industriel à Paris, j'ai assisté, par curiosité, à des audiences de prud'hommes et, dans certaines, j'ai vu un tel esprit de partialité que, incontestablement, si j'avais eu une affaire venant devant ce tribunal, j'aurais fait défaut.

Il y a — ce fait a déjà été signalé par de précédents orateurs — il y a des conseillers qui sont élus avec un mandat impératif. On se trouve alors non plus en face d'une justice, mais en face — le mot a été prononcé aussi — en face d'un esprit de classe. Lorsqu'on se trouve devant un semblable tribunal, lorsqu'il y a une moitié des conseillers qui ont un mandat impératif, il suffit que, dans l'autre moitié, il y ait un conseiller, qui n'ait pas eu de mandat impératif, mais qui a peut-être des visées électorales — et le fait s'est produit — pour qu'immédiatement il y ait une majorité dans ce tribunal de prud'hommes pour condamner d'ores et déjà toute une catégorie.

M. Briat. — J'ai été pendant six ans conseiller prud'homme et mes collègues élus avec un mandat impératif étaient souvent les plus conciliants. (*Rires.*)

M. Gavelle. — Il y a eu des ambitieux qui se sont servis des conseils de prud'hommes pour se faire nommer à des fonctions électives. Cela, généralement, ils ne l'indiquaient pas dans leur programme ; mais ils s'en servaient néanmoins, et il est arrivé que ces tribunaux de prud'hommes n'étaient véritablement plus des tribunaux ou, tout au moins, c'étaient des tribunaux où les décisions étaient prises à l'avance et quelles que soient les observations que l'on pouvait présenter devant eux.

Il n'y a rien d'étonnant, dans ce cas, qu'on ait cherché à s'y soustraire. L'abus de demandes reconventionnelles dont on parle vient, je crois, des abus qui se sont produits dans la composition des conseils de prud'hommes. Ces abus sont des exceptions, dites-vous, je veux bien l'admettre, j'en suis même convaincu, mais enfin il suffit que ces abus puissent se produire pour justifier les précautions prises, et malheureusement il existe ou il a existé dans certains tribunaux un tel esprit de classe que l'idée de justice disparaissait complètement. Est-il bien juste, alors, d'interdire aux justiciables qui sont obligés de paraître devant de semblables tribunaux d'avoir recours à des tribunaux d'appel?

Je crois que la solution qu'a indiquée M. Briat est bien meilleure que la solution belge, parce que, si vous dites à un justiciable : vous ne pourrez faire une demande valable devant un tribunal d'appel que si vous êtes venu vous expliquer devant le tribunal de première instance, devant les prud'hommes, cela sera très bon. M. le Président, tout à l'heure, paraissait croire qu'il y aura des patrons qui se feront représenter par des agents de chez eux. Eh bien, il n'y a rien de si terrible pour un patron que de se faire condamner lorsqu'il s'est défendu ; quand un patron se décide à se défendre, il fait tout son possible pour se bien défendre parce que, s'il a un jugement pris contre lui, alors qu'il s'agit d'un jugement contradictoire, c'est très grave pour lui, non seulement pour le jugement en lui-même, mais pour l'effet qu'il produit dans tout son atelier. Par conséquent, le patron commettrait une faute en ne se défendant pas bien et en n'apportant pas des pièces probantes. Dans l'immense généralité des cas, lorsque le patron se trouvera vraiment devant un tribunal impartial, un tribunal cherchant à rendre la justice, si ses arguments sont bons, il triomphera ; si ses arguments sont mauvais, il sera condamné ; mais, quelle que soit la décision du tribunal, dans ces conditions, le patron sera tout disposé à l'accepter parce qu'il se sentira battu par des raisons, par des motifs sérieux. Il n'osera pas aller en appel, d'abord, parce qu'il serait presque certain d'être condamné et parce qu'il sentira que le bon droit n'était pas pour lui.

Mais, si un patron a été condamné indûment, non pas parce qu'il avait tort, mais en raison d'un certain esprit de parti pris qui existait parmi les juges, vous ne pouvez pas lui retirer, en pareil cas, le droit d'aller devant une justice sérieuse pour obtenir la justice. (*Applaudissements.*)

M. le Président. — Je vous demanderai, avant de vous donner lecture d'une nouvelle proposition qui vient de nous arriver, je vous demanderai la permission de faire à M. Gavelle — qui, d'ailleurs, me paraît avoir exprimé le sentiment d'un certain nombre de membres de la réunion, — l'observation que voici : Si l'on a pour une juridiction quelconque les sentiments que M. Gavelle prête à raison, dit-il, à un certain nombre de justiciables, il faut, par les moyens légaux, tâcher de faire modifier cette juridiction; mais, tant que la juridiction existe, on ne peut pas, je crois, reconnaître à des justiciables le droit, par des moyens détournés, de se donner la faculté d'appeler, d'une juridiction qu'ils trouvent mauvaise, à une autre.

Par conséquent, il me paraît difficile de présenter comme une considération valable que le procédé incriminé serait justifié parce que la juridiction prud'hommale serait, à bon droit, suspecte à un certain nombre de justiciables.

M. Gavelle. — J'entends très bien, que si le moyen n'était pas légal, on ne pourrait pas s'en servir, mais la loi a précisément donné la demande reconventionnelle, qui est un moyen légal.....

M. le Président. — Nous jouons sur les mots : la demande reconventionnelle est légale ; mais jamais, en l'autorisant, le législateur n'a pensé fournir aux justiciables le moyen d'avoir deux degrés de juridiction au lieu d'un.

M. Gavelle. — C'est un procédé très courant. (*Rires, bruit.*)

Meme en dehors de la juridiction des prud'hommes, il y a quelquefois des juges qui jugent contre la loi ; j'ai vu

des jugements de la sorte et dont on ne trouvait pas d'autres moyens de se faire justice qu'en introduisant une demande reconventionnelle. Quand vous vous trouvez en présence d'un juge qui a une mentalité telle qu'il n'applique plus les lois de son pays, il faut bien que le justiciable qui est devant lui cherche un moyen de faire réformer le jugement.....

M. le Président. — Par conséquent, nous sommes parfaitement d'accord sur ce point : que la demande reconventionnelle employée dans ce but est complètement détournée de son objet et qu'elle sert à tout autre chose que ce à quoi elle paraît devoir servir.

Et, remarquez-le, nous discutons ici uniquement pour faire disparaître cet abus.

Voici la proposition dont j'ai été saisi par M. Fromont :

« Le juge d'appel devra, avant d'aborder le fond, statuer sur la demande reconventionnelle. Si cette demande est reconnue injustifiée, le juge d'appel ne pourra aborder l'examen du fond. »

M. Valmont. — Je crois pouvoir dire, au nom de mes collègues conseillers-prud'hommes, que nous ne demandons pas que notre juridiction soit sans appel; ce que nous regrettons, ce sont les abus des hommes d'affaires, je ne dis pas même des patrons, car la plupart des patrons — malgré ce que vient de dire M. Gavelle — qui font des demandes reconventionnelles ne les font que sur les conseils d'hommes d'affaires.

Nous voudrions qu'on ait toujours droit à l'appel; seulement ce que nous regrettons, c'est, que par le fait de ces hommes d'affaires, on supprime la première juridiction. Nous considérons que ce défaut est très mal, que c'est une impolitesse faite à la juridiction prud'hommale que nous croyons utile autant pour les patrons que pour les ouvriers.

Comment faire disparaître les abus ? D'après ce que je viens de voir, c'est très difficile. Je crois cependant qu'il y aurait un moyen qui vous a été indiqué par M. Strauss, c'est-à-dire de faire une juridiction d'appel, comme je l'ai demandé moi-même en 1894, juridiction qui soit les prud'hommes eux-mêmes avec un magistrat civil à leur tête, nommé par le tribunal civil. Je crois que ce serait le meilleur moyen de mettre la situation en ordre, car on passerait ainsi par la première juridiction ; si on n'en était pas satisfait, on irait ensuite en appel, et je suis persuadé que, si l'on n'a pas confiance dans les prud'hommes, on aurait tout au moins confiance dans le magistrat qui serait à leur tête.

Je crois que, si vous agissiez ainsi, vous arriveriez à une très bonne solution et vous verriez disparaître les abus qui, je le répète, viennent du fait des hommes d'affaires, qui ne se gênent même pas pour mettre dedans les patrons. Je dirai même que, si on ne donnait pas raison aux patrons, il pourrait peut-être se faire qu'ils subissent une perte d'argent, mais elle ne serait pas égale à celle que leur font subir les hommes d'affaires auxquels ils ont recours.

M. Legouez. — Je persiste à croire que la comparution devant le bureau général serait déjà un moyen d'éliminer un grand nombre d'appels reconventionnels. Beaucoup de gens, j'en suis persuadé, hésiteraient à venir développer une demande qui ne reposerait sur aucune base... Mais enfin, je passe, car ce n'est pas pour cela que j'ai demandé la parole ; c'est à propos du système de la disjonction. Ce système peut présenter un inconvénient auquel il serait prudent de parer.

Avec le système de la disjonction si, sur la demande principale, il y a condamnation, les prud'hommes jugeant en dernier ressort, il faudra payer. Si, dans l'appel, le défendeur a gain de cause, quelles garanties aura-t-il ? Il aura payé la première partie et il se trouvera devant une personne insolvable pour se faire payer le montant de la demande reconventionnelle. Ne conviendrait-il pas, au moins, qu'une partie de la somme soit consignée ?

M. Olivier. — Il semble qu'un mot n'a pas été prononcé ; on a parlé de l'abus de la demande reconventionnelle, mais on n'a pas parlé de l'abus des sommes réclamées. L'abus des demandes reconventionnelles peut être illogique, mais ce qui l'est également, c'est que les sommes demandées soient toujours supérieures à 300 francs. Il me paraît que la demande pourrait être faite logiquement, c'est-à-dire qu'elle pourrait être proportionnée aux dommages qu'elle prétend vouloir couvrir. S'il en était ainsi, cette demande ne soulèverait pas les objections qu'elle soulève aujourd'hui.

M. Arquembourg. — J'ai parlé tout à l'heure de la nécessité qu'il y avait à obtenir que les patrons se présentent ; c'est là, je crois, le grand intérêt de la proposition.

J'ai posé une question relativement aux demandes injustifiées, à l'honorable orateur qui a pris la parole tout à l'heure et qui est conseiller prud'homme, et je lui ai demandé s'il pouvait m'indiquer dans quelle proportion les jugements avaient été réformés. Il m'a répondu qu'il ne pouvait pas m'indiquer ce chiffre, mais il a ajouté, avec sa grande compétence de conseiller prud'homme : « J'ai la conviction que si les patrons étaient venus devant le tribunal des prud'hommes au lieu d'être allés en appel, les sentences auraient été rendues à peu près dans la même proportion qu'elles ont été ensuite réformées par le tribunal d'appel ».

C'est le résultat d'une conversation particulière, que je lui ai demandé la permission de vous communiquer. Cela montre combien nous devons rechercher, avant toute autre chose, une solution qui pourrait amener la conciliation entre les parties. A ce point de vue-là, je suis convaincu que la proposition Strauss ou la proposition Briat, qui s'en éloigne fort peu, produiront un résultat fort intéressant sans aller jusqu'à priver les patrons d'un moyen — puisque c'est le mot qu'on a employé — d'un moyen qui est réellement justifié puisqu'il permet de réformer des jugements mal rendus.

M. Jay. — M. Arquembourg vient de nous fournir un décisif argument en faveur de la thèse la plus radicale, celle de mon collègue Tissier.

Si on admet qu'en fait, le conseil de prud'hommes aurait lui-même donné aux patrons intéressés les satisfactions qu'ils sont allés chercher par un long détour, détour que j'ai appelé frauduleux — le mot est peut-être excessif, et, cependant, c'est bien violer la loi, sinon dans son texte, du moins dans son esprit, que d'user de la sorte de la demande reconventionnelle — pourquoi compliquer les choses, pourquoi ajouter au conseil de prud'hommes le tribunal civil ?

Je tiens, d'autre part, à faire remarquer que le fait qu'un certain nombre de jugements des conseils de prud'hommes ont été réformés par le tribunal ne suffit pas à démontrer que ces jugements avaient été mal rendus.

Pourquoi sommes-nous si nombreux, ici, à vouloir que la juridiction des prud'hommes conserve la pleine jouissance du domaine qui lui a été concédé ? Pourquoi plu-

sieurs d'entre nous — et M. Valmont nous a donné l'exemple — désireraient-ils que l'appel des décisions du conseil des prud'hommes soit porté, non pas devant le tribunal civil, mais devant une cour d'appel prud'hommale? Pourquoi, car je pourrais généraliser le débat, a-t-on créé le tribunal des prud'hommes, si les tribunaux civils devaient mieux juger? On a créé le tribunal des prud'hommes, nous tenons à le conserver, à lui garantir son domaine propre, à étendre ce domaine, à lui faire un domaine autonome parce qu'on a jugé, que nous jugeons qu'il y a des questions que le tribunal de prud'hommes est plus apte à trancher en toute équité que n'importe quelle autre juridiction. Dans ces conditions le fait que des jugements ont été réformés par le tribunal civil, au lieu d'être un argument pour le maintien du régime actuel de la demande reconventionnelle, est bien plutôt un argument en faveur de la nécessité de modifier ce régime.

M. Borderel. — Il y a un point sur lequel je veux insister : c'est celui relatif au délai.

Tous les jugements dont on parle actuellement sont rendus sur défaut. Or ce défaut vient souvent — je ne dis pas toujours, mais souvent — de ce que la citation n'est pas parvenue à temps. Je crois que le délai d'un jour franc est absolument insuffisant pour permettre au défendeur, d'abord, de recevoir sa citation, ensuite, de pouvoir se défendre.

Si j'insiste sur ce point, c'est parce que, comme le disait tout à l'heure M. Aquembourg, si le patron venait se défendre lui-même, dans beaucoup de circonstances il aurait raison et l'on éviterait quantité de demandes reconventionnelles.

M. le Président. — Voulez-vous formuler une proposition?

M. Bellamy. — Je tiens à vous dire tout de suite que je terminerai mon intervention par une proposition.

Les demandes reconventionnelles ne constituent pas un abus comme on veut bien le dire... (*protestations*). Il y a quelques demandes qui deviennent des abus, mais elles répondent à des demandes principales abusives. Je prendrai un exemple : une demande reconventionnelle a été formulée par un patron contre un ouvrier pour des malfaçons commises dans un atelier où cet ouvrier n'a jamais mis les pieds. C'est un abus. Mais quelle est la demande de l'ouvrier? Il demande réparation pour non-exécution d'un mandat, non-exécution d'un contrat. Ce cas n'est pas du ressort du tribunal des prud'hommes ; l'ouvrier sait fort bien qu'il devrait aller devant le juge de paix.

Pourquoi n'y va-t-il pas? C'est parce le juge de paix examine la question en droit et le déboute, tandis que le conseil de prud'hommes a une jurisprudence favcrable pour retenir ce genre d'affaires.

C'est pourquoi je dis que les demandes reconventionnelles sont souvent un moyen de remédier à un abus.

Lorsqu'elles constituent véritablement un abus, le remède a été indiqué du haut de la tribune de la Chambre : lorsqu'une demande reconventionnelle n'est pas fondée, il suffit d'en demander la réparation au tribunal civil... (*Protestations.*)

Chaque fois que le tribunal civil a été saisi d'une demande en réparation pour abus de citation, il a accordé la somme de 50 francs. Les cas sont nombreux; voilà peut-être ce qui est intéressant.

La demande reconventionnelle est également à la portée des ouvriers. Dans le Conseil auquel j'appartiens, j'ai vu la Confédération générale du travail formuler une demande reconventionnelle...

M. Briat. — Il s'agissait, dans ce cas-là, je crois, de M. Grifuelhes agissant comme patron.

M. Bellamy. — Je terminerai par une proposition. Vous savez que les jugements sont exécutoires par provision jusqu'à concurrence du quart de la somme. Or, qu'est-ce qui empêche de répondre à l'abus soi-disant de la demande reconventionnelle en disant, par une simple modification : lorsqu'il s'agira de salaires, l'exécution du jugement sera faite jusqu'à concurrence des 9 dixièmes.

M. Fromont. — Messieurs, deux tendances opposées sont en présence : certains patrons suspectent la juridiction prud'hommale et veulent absolument aller devant un tribunal d'appel. D'autre part, nous sommes d'accord — pas tous, mais un grand nombre — sur ce point, que la demande reconventionnelle doit être justifiée. J'ai fait une proposition qui est celle-ci : lorsque le tribunal d'appel sera saisi d'une demande reconventionnelle, s'il la juge injustifiée, il ne se prononcera pas sur le fond.

C'est un moyen que, moi-même, je trouve insuffisant, mais qui pourrait mettre tout le monde d'accord.

Nous pouvons dire qu'un tiers des causes ne sont pas jugées contradictoirement.

Tout à l'heure, on nous a dépeint une juridiction prud'hommale où les patrons étaient condamnés à l'avance, où il y avait des mandats impératifs. Si vous le voulez, je vous citerai quelques chiffres qui, mieux qu'un discours, feront justice de ces accusations.

Je me rappelle que, l'année dernière, nous avons eu une petite réunion présidée par M. Barthou, alors ministre de la Justice, et nous lui avons cité des chiffres qui sont à peu près ceux-ci : sur 6,000 demandes introduites devant la section du commerce, il y a eu 600 et quelques jugements contradictoires, dont environ 250 jugements en faveur des patrons et à peu près autant en faveur des employés, le nombre des jugements favorables aux patrons dépassant de 5 celui des jugements, favorables aux employés. Je crois, dans ces conditions qu'on ne peut accuser les conseils de prud'hommes de parti pris. (*Applaudissements.*)

M. LE PRÉSIDENT. — Si personne ne demande plus la parole, voici devant quelles propositions nous nous trouvons.

Je dois dire tout d'abord que l'objection qui a été présentée par M. Tissier contre ma proposition m'a beaucoup touché, et que je fais pas d'opposition à me rallier purement et simplement au texte du Code de procédure belge, qui est le suivant :

« La demande reconventionnelle n'exercera, en ce qui touche la compétence et le ressort, aucune influence sur le jugement de la demande principale. Elle sera elle-même, à cet égard, considérée comme demande principale. »

Vous vous trouvez ensuite en présence de ce que l'on peut appeler la solution Strauss, soutenue par un certain nombre d'orateurs et notamment par M. Legouëz...

M. MOTTEAU. — Nous la soutenons également, mais modifiée...

M. LE PRÉSIDENT. — M. Motteau la modifie, mais M. Legouëz ne la modifie pas.

La proposition Strauss est ainsi conçue :

« Si la cause a été jugée par défaut, la demande reconventionnelle, quel qu'en soit le montant, sera sans influence sur le taux du ressort lorsque la demande principale n'excède pas trois cents francs et l'appel ne sera pas recevable. »

M. Motteau ajoute à la proposition Strauss l'exposition suivante :

« Néanmoins, le défendeur pourra mettre opposition du premier jugement par défaut et, à condition qu'il se présente devant le conseil des prud'hommes, la demande et l'appel seront recevables. »

M. Gavelle. — La proposition Motteau pourrait être acceptée si l'on acceptait également la proposition Borderel.

M. le Président. — J'allais arriver précisément à la proposition de l'honorable M. Borderel. Je vais la soumettre à la réunion, mais elle me paraît tout aussi étrangère à la question que celle qui consistait à demander que le conseil des prud'hommes soit présidé par un juge civil. Or, le débat qui vient d'avoir lieu n'a pas porté sur l'ensemble de la juridiction prud'hommale, mais seulement sur le point précis des demandes reconventionnelles.

Sur ce point bien précis, nous sommes en face de trois propositions. D'autre part, M. Borderel, en ce qui touche les délais, M. Fromont, en ce qui touche l'appel, présentent des propositions que je soumettrai ensuite à la réunion, mais il me semble que pour la bonne règle et pour l'ordre, il faut d'abord que, j'invite l'assemblée à se prononcer sur les trois propositions déposées : 1° la proposition Tissier ; 2° la proposition Strauss ; 3° la proposition Strauss modifiée.

M. Briat. — Je vous rappelle, Messieurs, que notre but est, avant tout, d'arriver à un résultat pratique ; or, pour y parvenir, nous pourrions peut-être nous mettre tous d'accord sur la proposition Strauss. Voici pourquoi : Par l'organe de M. Legouëz, vous avez appris qu'un congrès des Chambres syndicales patronales s'est prononcé en faveur de l'acceptation...

Un Auditeur. — Il ne s'est pas prononcé pour le projet Strauss ; il a fait un vœu isolé ; et je vous demanderai de le dire dans le compte rendu.

J'ai été secrétaire du congrès, je puis donc vous affirmer que ce vœu n'est pas spécial et ne s'occupe pas du projet Strauss.

M. Legouez. — Pour couper court à toute discussion, je vais vous donner lecture du vœu tel qu'il a été émis :

« Que les jugements des conseils de prud'hommes, lorsque l'appel n'est recevable que du chef de la demande reconventionnelle, ne puissent être portés en appel, si le demandeur, sur opposition, n'a pas comparu devant le Bureau général, soit en personne, soit par un mandataire régulier. »

M. le Président. — Voici le projet Strauss :

« Si la cause a été jugée par défaut, la demande reconventionnelle, quel qu'en soit le montant, sera sans influence sur le taux du ressort, lorsque la demande principale n'excède pas trois cents francs et l'appel ne sera pas recevable. »

M. Gavelle. — Nous sommes d'accord pour accepter la proposition Strauss si elle nous donne le droit de faire opposition à un jugement pris par défaut.

M. le Président. — Il faudrait qu'il existe un texte dans la loi l'interdisant ; or, ceci n'existe pas.

M. Briat. — Je vous disais tout à l'heure qu'il fallait considérer que l'esprit du projet de M. Strauss avait été accepté par le congrès des Chambres syndicales patronales ; mais j'ai lu dans la *Revue des Prud'hommes* qu'un conseil de prud'hommes du département de la Seine acceptait la proposition de M. Strauss. Dans ces conditions, je vous demande s'il ne serait pas pratique d'émettre un vœu favorable à cette proposition. Je crois que nous arriverons plutôt à un résultat avec ce projet qu'en prenant l'autre proposition qui vous est soumise, proposition qui rencontrerait certainement de l'opposition, soit de la part des Chambres syndicales patronales, soit de tout autre côté.

M. JAY. — Il me semble que la solution que nous présente notre rapporteur est une solution insuffisante. Nous nous trouvons en face d'un abus qui s'est transformé à mesure que la loi essayait de l'atteindre. On avait d'abord cru apporter au mal un remède suffisant en décidant que la demande reconventionnelle ne pourrait pas être portée en appel lorsqu'elle serait fondée sur la demande principale. Qu'a-t-on fait ? On a tout simplement modifié le caractère des demandes reconventionnelles : au lieu de les rattacher à la demande principale, on les fonde sur des motifs imaginaires étrangers à cette demande.

Or, qu'arrivera-t-il si on se contente de la demi-mesure proposée par M. Briat ? Il arrivera seulement qu'au lieu de faire défaut, on enverra un mandataire n'ayant aucun pouvoir, un homme qui sera muet parce qu'il n'aura rien à dire, et l'on ira tout de même en appel.

Je ne puis qu'insister auprès de l'assemblée pour que l'on demande une mesure radicale.

Si on ne ferme pas complètement la porte aux abus de la demande reconventionnelle, on ne fera que modifier la forme de ces abus.

M. QUILLENT. — Je vous citerai un fait : Un avocat s'est

présenté un jour devant le bureau général du conseil de prud'hommes que je présidais et nous a dit : « Au nom de M. X..., je fais une demande reconventionnelle de 301 francs... », et il avait l'air de se moquer de nous. Lorsque nous lui avons demandé de s'expliquer, il nous a répondu : « Je n'ai pas à m'expliquer, je le ferai en appel ». Malgré que j'étais président, cette réponse m'a outré ; je me suis rappelé que j'étais aussi un ouvrier et nous avons eu une altercation.

Il y a des publications qui disent aux patrons : « Ne vous présentez pas, faites une une demande reconventionnelle pour un motif quelconque et vous irez en appel. » Eh bien, si le projet Strauss est adopté, voilà ce que l'on ne cessera de dire aux patrons ; on leur conseillera d'envoyer un mandataire et les abus se continueront tout de même.

M. Gavelle. — Je me rallie complètement à la proposition de M. Briat. Je crois que c'est parler en théoricien que de dire que, le jour où l'on aura à se présenter, on enverra un représentant. Lorsque les industriels auront des jugements contradictoires, vous pouvez être certains qu'ils se présenteront et qu'ils préféreront se défendre convenablement.

M. Tambute. — M. Quillent disait tout à l'heure que dans les Chambres syndicales on conseillait aux patrons de faire défaut. Je tiens à réfuter cette assertion, car, dans toutes les chambres syndicales patronales que je fréquente et avec lesquelles je suis en relations par mes fonctions de conseiller prud'homme, on leur dit au contraire : Allez vous défendre à la barre et vous verrez que les patrons n'ont pas toujours tort.

Je vous demande pardon d'avoir fait cette digression, mais je tenais à fixer ce point.

J'en reviens à la question qui nous préoccupe : on a beaucoup parlé de l'abus des demandes reconventionnelles, mais fort peu de l'abus des citations.

Cependant il faut en tenir compte puisque les premières sont nées des dernières.

Il faut, en effet, remonter à l'époque antérieure à la loi de 1907, alors que les bureaux de jugement étaient composés en nombre impair, tantôt présidés par un ouvrier, tantôt par un patron.

Les jugements pouvaient être entachés de partialité puisqu'un des éléments était en surnombre; aussi les ouvriers savaient tirer parti de la situation.

Les patrons, souvent condamnés, ont déserté la barre et, suivant les conseils de certaines agences intéressées, ont introduit des demandes reconventionnelles afin de pouvoir aller en appel.

La légende qui représentait les conseils de prud'hommes comme donnant toujours tort aux patrons était peut-être justifiée à cette époque, mais il n'en est plus de même aujourd'hui que le tribunal est composé d'un nombre égal de patrons et d'ouvriers qui, le cas échéant, sont départagés par le juge de paix.

Il n'en reste pas moins une prévention qu'il est du devoir des conseillers patrons de détruire; c'est à cette tâche que nous, les jeunes, les nouveaux veux-je dire, nous nous sommes attachés. Que l'on nous fasse crédit et nous arriverons à supprimer en partie les défauts.

Au reste, il n'y a que trois ans que la nouvelle composition du tribunal existe et les résultats sont là qui prouvent une amélioration.

A la réunion de ma section, qui a eu lieu lundi dernier, le compte rendu des travaux de l'année a accusé un pourcentage supérieur, en ce qui concerne la conciliation, à celui des années précédentes. Cela indique évidemment que les justiciables accordent plus de confiance au conseil des prud'hommes.

Néanmoins, il importe, afin de remédier aux abus des demandes reconventionnelles, de modifier la loi du 27 mars 1907.

Personnellement, je me rallie à la proposition de M. Strauss, car si le défendeur est obligé de soutenir sa demande reconventionnelle à la barre, afin de rendre son appel recevable, il y aura sûrement plus de conciliation et, par voie de conséquence, moins d'abus.

M. Borderel. — Je tiens, au nom des Chambres syndicales que je représente – et c'est mon devoir de le faire — à protester contre les paroles de notre collègue conseiller prud'homme. Nous conseillons toujours dans nos chambres syndicales, et, notamment, au bâtiment, à nos collègues, de se présenter devant les conseils de prud'hommes.

M. le Président. — Avant de mettre aux voix la proposition de M. Paul Strauss, je dois vous dire que MM. Alfassa et Petit, se ralliant à la proposition Tissier, demandent à la faire précéder de ce considérant :

« Considérant que la proposition Strauss constituerait un progrès sur la situation actuelle, mais que la demande reconventionnelle offre, par elle-même, un moyen pour certains plaideurs de supprimer de leur propre autorité la compétence en dernier ressort des conseils de prud'homme, décident... »

Puis, suit la proposition Tissier.

Je vais mettre aux voix la proposition Strauss. Je vous rappelle que seuls les membres de l'Association ont le droit de voter.

La proposition Strauss, ainsi conçue : « Si la cause a

été jugée par défaut, la demande reconventionnelle, quel qu'en soit le montant, sera sans influence sur le taux du ressort lorsque la demande principale n'excède pas trois cents francs (300 francs) et l'appel ne sera pas recevable », est adoptée.

M. LE PRÉSIDENT. — Je suis saisi par M. Borderel de la proposition suivante :

« Que le délai entre la citation et la comparution soit de quatre jours francs.

« Que le délai de remise de citation ne puissent dépasser quinze jours. »

Est-ce que vous insistez, Monsieur Borderel, pour que je mette aux voix votre proposition ?

M. BORDEREL. — Certainement, parce que je crois qu'elle supprimerait une partie des demandes reconventionnelles.

M. LE PRÉSIDENT. — Elle ne peut être mise aux voix qu'à titre d'indication, car elle n'a pas été discutée.

M. BRIAT. — Il faut, en effet, voir si, en apportant des avantages aux industriels, elle n'apporte pas en même temps des inconvénients pour les employés.

M. BORDEREL. — Dans ces conditions, je demande qu'on réserve cette question pour plus tard.

Sténographié par « COMMERCIA », sur machine à sténographier « GRANDJEAN » — Bourse du Commerce, rue du Louvre. — PARIS.

PUBLICATIONS

DE

l'Association Internationale pour la Protection Légale des Travailleurs

---

PUBLIÉ PAR LE BUREAU DE L'ASSOCIATION INTERNATIONALE POUR LA PROTECTION LÉGALE DES TRAVAILLEURS

Président : Henri SCHERRER, conseiller d'Etat, à Saint-Gall ; *Vice-Président* : Adrien LACHENAL, ancien conseiller fédéral ; *Secrétaire général* : Stéphan BAUER, professeur à l'Université de Bâle.

N° 1. — **L'Association internationale pour la Protection légale des Travailleurs.** — Assemblée constitutive tenue à Bâle les 27 et 28 septembre 1901. — Rapports et compte rendu des séances. — 1 vol. 270 p. PRIX : 5 fr.

N° 2. — **Compte rendu de la 2e assemblée générale du Comité de l'Association internationale pour la Protection légale des Travailleurs**, tenue à Cologne les 26 et 27 septembre 1902, suivi de rapports annuels de l'Association internationale et de l'Office international du Travail. 1903. — 1 vol., 82 p. PRIX : 2 fr.

N° 3. — **Compte rendu de la 3e assemblée générale du Comité de l'Association internationale pour la Protection légale des Travailleurs**, tenue à Bâle les 26, 27 et 28 septembre 1904, suivi de rapports annuels de l'Association internationale et de l'Office international du Travail. 1905. — 1 vol., 1 6 p. PRIX : 4 fr.

N° 4. — **Deux mémoires présentés aux Gouvernements des Etats industriels en vue de la convocation d'une Conférence internationale de protection ouvrière.** — I. Mémoire explicatif sur les bases d'une interdiction internationale du travail de nuit des femmes. — II. Mémoire explicatif sur l'interdiction de l'emploi du phosphore blanc dans l'industrie des allumettes. 1905. — 1 vol., 49 p. Prix : 2 fr. 50.

N° 5. — Compte rendu de la 4e assemblée générale du Comité de l'Association internationale pour la Protection légale des Travailleurs, tenue à Genève les 26, 27, 28 et 29 septembre 1906, suivi des rapports annuels de l'Association internationale et de l'Office international du Travail. 1907. — 1 vol., 163 p. Prix : 4 fr.

N° 6. — Compte rendu de la 5e assemblée générale du Comité de l'Association internationale pour la Protection légale des Travailleurs, tenue à Lucerne les 28, 29 et 30 septembre 1908, suivi des rapports annuels de l'Association internationale et de l'Office international du Travail. 1909. — 1 vol., 216 p. Prix : 5 fr.

N° 7. — Compte rendu de la 6e assemblée générale du Comité de l'Association internationale pour la Protection légale des Travailleurs, tenue à Lugano les 26, 27 et 28 septembre 1910, suivi des rapports annuels de l'Association internationale et de l'Office international du Travail. 1910. — 1 vol., 193 p. Prix : 5 fr.

Les Industries insalubres. — Rapport sur leurs dangers et les moyens de les prévenir, particulièrement dans l'industrie des allumettes et celles qui fabriquent ou emploient des couleurs de plomb. Publié au nom de l'Association internationale et précédé d'une préface par St. Bauer, professeur à l'Université de Bâle, directeur de l'Office international du Travail. 1903. — 1 vol., 460 p. Prix : 7 fr. 50.

Le Travail de nuit des femmes dans l'industrie. — Rapports sur son importance et sa réglementation légale. Publiés au nom de l'Association internationale et précédés d'une préface par St. Bauer, professeur à l'Université de Bâle, directeur de l'Office international du Travail. 1903. — 1 vol., 384 p. Prix : 6 fr.

A PARAITRE :

Rapport comparatif sur l'application des lois ouvrières. — Publié par l'Office international du Travail à Bâle. Tome 1. L'Inspection du Travail en Europe. 1911.

PAS DANS LE COMMERCE :

Association pour la Protection légale des Travailleurs. Concours international pour la lutte contre le saturnisme.

Les **Fonderies de plomb**, par M. Boulin, inspecteur divisionnaire du Travail à Lille. Ouvrage couronné.

(*Extrait du Bulletin de l'Inspection du Travail, 1906; n°s 5 et 6*).

Le **Saturnisme dans la typographie**, par M. Ducrot, ancien élève de l'Ecole polytechnique. Ouvrage couronné.

(*Extrait du Bulletin de l'Inspection du Travail, 1906, n°s 5 et 6*).

L'Association internationale pour la Protection légale des Travailleurs et l'Office international du Travail, 1901-1910. — Origines. — Organisations. — Œuvre réalisée. — Documents. — Rapport présenté au Congrès mondial des associations internationales (Bruxelles, mai 1910), par E. Bauer, secrétaire général de l'Association internationale pour la Protection légale des Travailleurs, directeur de l'Office international du Travail, professeur à l'Université de Bâle. Bruxelles 1910 (*épuisé*).

Orléans. — Imp. Auguste GOUT & Cie.

Documents manquants (pages, cahiers...)

NF Z 43-120-13

www.ingramcontent.com/pod-product-compliance
Ingram Content Group UK Ltd.
Pitfield, Milton Keynes, MK11 3LW, UK
UKHW012258240726
13966UKWH00004B/1473